EL REY ARTHUR

Verónica Moscoso

SPANISH EASY READER

NIVEL 2
Second Edition

www.veromundo.store

EL REY ARTHUR

is published by

Authored by Verónica Moscoso
Cover Art by Eric Velez
Illustrations by Prakash Thombre
Proofreading by Ana Andrés

First edition published June, 2020.
Second edition published March, 2022.
Copyright © by Verónica Moscoso. All rights reserved.
No other part of this book may be reproduced or transmitted in any form or by any means, electronic or mechanical, including photocopying, recording or by any information storage or retrieval system, without permission in writing from Verónica Moscoso.

ISBN: 978-1-73423-991-1

A Chabela, mi perra guardiana y mi ángel.

1

LOS PERROS DE LA CALLE

Hola, me llamo Arthur. Te voy a contar mi historia. Yo me convertí en un rey y me convertí en una celebridad. No fue fácil. Mi historia comenzó cuando yo era un perro callejero.

Es el año 2014 (dos mil catorce). No tengo dueños. Vivo en la calle. Vivir en la calle es tener hambre. Vivir en la calle es tener frío. Vivir en la calle es estar enfermo. Vivir en la calle es triste.

Tengo hambre y soy mendigo. No quiero ser mendigo pero tengo hambre. Los perros callejeros buscamos comida en los basureros. Yo busco comida en los basureros y les pido comida a los humanos. Me acerco a los humanos.

Los perros callejeros estamos sucios. Tenemos pulgas. Tenemos mal olor. Estamos enfermos. Los humanos no quieren que un perro sucio se acerque. No quieren que un perro con pulgas se acerque. No quieren que un perro con mal olor se acerque. No quieren que un perro enfermo se acerque. Es muy triste.

A los perros callejeros nos tratan mal. Nos gritan. Nos pegan. Cuando nos pegan nos duele mucho. A veces sentimos el dolor muchos días, a veces años, a veces toda la vida. Yo tengo una herida en el lomo. Tengo esa herida por muchos años. Vivo con la herida.

—¡Fuera de aquí, perro callejero! —nos gritan, y también nos pegan.

Vivir en la calle es triste. Muchos perros callejeros no se acercan a los humanos. Muchos animales piensan que los humanos son malos. Tienen miedo. Algunos perros callejeros son agresivos con los humanos. Los animales somos agresivos cuando tenemos miedo.

Yo me acerco a los humanos. Tú piensas: «Los

humanos son malos. Los humanos te tratan mal. ¿Por qué te acercas a los humanos?».

No todos los humanos son malos. No todos los humanos nos tratan mal. Algunos humanos son buenos. Algunos humanos nos tratan bien.

Hay perros con suerte. Esos perros tienen dueños. Esos perros tienen una familia de humanos. No son mendigos. No son perros de la calle. Tienen agua y comida. No tienen hambre. No tienen frío. Cuando están enfermos, van al veterinario. Esos perros no tienen mal olor. Esos perros no están sucios. No tienen pulgas. Esos perros son felices.

Los perros caminan con sus dueños. Se acercan a sus dueños. No tienen miedo. No son agresivos con su familia de humanos. Piensan que sus dueños son buenos.

¡Los humanos juegan con los perros! Niñas y niños juegan con los perros. Los dueños acarician a sus perros. ¡Son perros con suerte!

Estos perros cuidan a sus dueños. Cuidan a su familia de humanos. Los humanos cuidan al perro y el perro cuida a los humanos. Muchas personas piensan: «Mi perro es mi mejor amigo».

Me acerco a los humanos porque hay humanos

buenos. Muchas veces me tratan mal, pero a veces me tratan bien. Algunos humanos me dan comida. Me gusta cuando me acarician. Muy pocos humanos me acarician.

Los humanos buenos tienen un brillo en los ojos y una sonrisa.

A veces no veo el brillo en los ojos y no veo la sonrisa en los humanos, pero me acerco a ellos. ¿Sabes por qué? Me acerco a los humanos por comida. Es peligroso, pero tengo hambre.

Glosario del capítulo 1

a to
acarician: (they) pet
    me acarician (they) pet me
acercan: se acercan (they) move close
    no se acercan (they) don't move close
acercas: te acercas (you) move close
acerco: me acerco (I) move close
acerque: se acerque (he) approaches
agresivos aggressive
agua water
al to, the (a + el)
algunos some
amigo friend
animales animals
año(s) year(s)
aquí here
basureros trash cans
bien: well
brillo sparkle
bueno(s) good, (they are) good
buscamos (we) seek
busco (I) seek
calle street
callejero(s) stray dog(s)
caminan (they) walk
celebridad celebrity
comenzó started
comida food
con with
contar: te voy a contar I am going to tell you
convertí: me convertí (I) became
cuando when
cuida (he) cares for
cuidan (they) care for
dan: me dan (they) give me
de of, from, about, to
día(s) day(s)
dolor pain
duele: nos duele it hurts us
dueño(s) owner(s)
ellos they
en in, on
enfermo(s) sick
era was
es is
esa that
esos those
estamos (we) are
están (they) are
estar to be
estos these
fácil easy
familia family
felices happy
frío cold
fue was
fuera: fuera de aquí get out of here
gritan: nos gritan they yell at us
gusta: me gusta I like
hambre: tener hambre being hungry
    tengo hambre (I) am hungry
    no tienen hambre (they) aren't hungry
tengo have
    tengo hambre (I) am hungry
hay there are, there is

herida wound
historia story
hola hello
humano(s) human(s)
juegan (they) play
la the
les to them/to you
llamo: me llamo my name is
lomo back
los the, them, to them/to you (plural)
mal bad
malo(s) bad
me me, myself
mendigo(s) beggars
miedo fear
mucha(s), mucho(s) a lot (of)
muy very
niñas girls
niños boys
nos us, to us
ojos eyes
olor smell
pegan: nos pegan they hit us
peligroso dangerous
pero but
perro(s) dog(s)
personas people
piensan (they) think
piensas (you) think
pocas, pocos a few
por for
    ¿por qué? why?
porque because
pulgas fleas
que that
qué: ¿por qué? why?
quieren: no quieren (they) don't want
quiero: no quiero (I) don't want
rey king
sabes: ¿sabes? do you know?

se: se acerque moved close
    se acercan (they) move close
    no se acercan (they) don't move close
sentimos (we) feel
ser to be
somos (we) are
son (they) are
sonrisa smile
soy (I) am
su his/her
sucio(s) dirty
suerte luck
sus their
también also
te you
tenemos miedo (we) are afraid
tener: tener hambre to be hungry
    tener frío to feel cold
tengo (I) have
    no tengo dueños (I) don't have owners
    tengo hambre I'm hungry
tienen (they) have
    no tienen hambre (they) aren't hungry
    no tienen frío (they) aren't cold
toda la vida the whole life
todos: no todos not all
tratan: nos tratan bien they treat us well
    nos tratan mal they treat us badly
    te tratan mal they treat you badly
triste sad
tú you
un, una a, an, one
van (they) go
veces times

a veces sometimes
veo (I) see
veterinario vet
vida life
vivir to live
vivo (I) live
voy: te voy a contar (I) am going to tell you
y and
yo I

2

MI GRAN AMIGO

¡Un día mi suerte cambia! Encuentro un gran amigo.

Camino por las calles. Tengo hambre. Busco comida. Veo un grupo de personas. Yo sé que los humanos comen mucho. Comen tres veces al día. A veces, comen más. «Si hay personas, hay comida», pienso.

Los humanos hacen mucha basura. Donde hay humanos hay basura. En la basura hay comida.

Mi nariz me ayuda a encontrar comida. Mi olfato dice que sí hay comida. Mi olfato es mi guía. El olfato es la guía de muchos animales para encontrar comida.

Hay muchas personas. No conozco a estas personas. Todos los humanos tienen un olor. Mi olfato me ayuda a recordar a las personas. Yo no recuerdo a las personas de este lugar. Tienen un olor diferente. No es el olor de las personas de mi ciudad. Son extranjeros. Están descansando y comiendo.

Camino y miro a un hombre extranjero. El hombre está comiendo. El hombre me mira. Ese hombre tiene el brillo en los ojos y la sonrisa de los humanos buenos.

El hombre se acerca a mí. Soy un perro callejero, y no le importa. Soy un perro sucio, y no le importa. Soy un perro enfermo, y no le importa. Soy un perro con mal olor, y no le importa. Soy un perro con pulgas, y no le importa.

El hombre se acerca. Comparte su comida conmigo. Es carne. Me gusta el olor de la carne. Me gusta la carne. Mi cola se mueve porque estoy feliz. Tengo suerte.

Los perros no podemos controlar la cola. Estoy

feliz y mi cola se mueve. Mi cola se mueve de arriba para abajo. Mi cola se mueve en círculos. Mi cola se mueve de un lado a otro.

Los perros no podemos controlar el ladrido. Es muy difícil controlar el ladrido. Algunos perros ladramos mucho. A los humanos no les gustan los ladridos. Pero ahora yo no ladro. Ahora estoy feliz. Mi cola se mueve pero no ladro.

«¿Puedo comer más?», pienso.

«¿Puedo comer más?», dicen mis ojos.

El hombre me mira a los ojos. Él entiende lo que dicen mis ojos. Él entiende que estoy pidiendo más comida. Él comparte su comida. El hombre me acaricia.

«Eres mi gran amigo», pienso.

«Eres mi gran amigo», dicen mis ojos.

Yo miro a los ojos del hombre. Yo sé que este hombre es bueno. Él y yo nos entendemos. Quiero estar con él siempre.

No lo conozco pero pienso que este hombre es mi gran amigo. Los perros vivimos el presente. No pensamos en el pasado y no pensamos en el futuro. Mi instinto es mi guía. El instinto es la guía de los perros. Mi instinto me dice: «Sigue a tu gran amigo».

Glosario del capítulo 2

a to
abajo: de arriba para abajo up and down
acaricia: me acaricia (he) pets me
acerca: se acerca (he) moves close
al to, the (a + el)
algunos some
amigo friend
animales animals
arriba: de arriba para abajo up and down
ayuda: me ayuda (it) helps me
basura trash
brillo sparkle
bueno(s) good, (they) are good
busco (I) seek
callejero stray dog
calles streets
cambia (it) changes
camino (I) walk
carne meet
círculos circles
ciudad city
cola tail
comen (they) eat
comer to eat
comida food
comiendo eating
comparte (he) shares
con with
conmigo with me
conozco (I) know
no lo conozco (I) don't know him
controlar control
de of, from, about, to
del of the
descansando resting
día day
dice: me dice (it) tells me
dicen: dicen mis ojos my eyes say
diferente different
difícil difficult
donde where
el the
él he, him
en in
encontrar to find
encuentro (I) find
enfermo sick
entendemos (we) understand
entiende understand
eres (you) are
es is
ese that
está is
están (they) are
estar to be
este this
estoy (I) am
extranjero(s) foreigner(s)
feliz happy
feo ugly
futuro future
gran great

grupo group
guía guide
gusta: me gusta (I) like
gustan: no les gustan (they) don't like
hacen (they) make
hambre: tengo hambre I'm hungry
hay there are, there is
hombre man
humano(s) human(s)
importa: no le importa (he) doesn't care
instinto instinct
la the
lado: de un lado a otro back and forth, from one side to the other
ladramos (we) bark
ladrido(s) barking (noun)
ladro (I) bark
las the, them
le: no lo conozco (I) don't know him
    no le importa (he) doesn't care
les: no les gustan (they) don't like
lleno filled
lo: lo que dicen mis ojos what my eyes say
los the, them
lugar place
mal bad
más more
me me, myself
mi my
mira: me mira looks at me
miro I look

miro a los ojos (I) look into his eyes
mis my
mucha, mucho(s) a lot
mueve: mi cola se mueve my tail moves
muy very
nariz nose
nos entendemos (we) understand each other
nuestra(s), nuestro(s) our, ours
ojos eyes
olfato sense of smell
olor smell
otro: de un lado a otro back and forth, from one side to the other
para for
pasado past
pensamos (we) think
pero but
perro(s) dog(s)
personas people
pidiendo asking
pienso (I) think
podemos: no podemos (we) can't
por of, for, by
    camino por las calles (I) walk the streets
porque because
puedo: ¿puedo comer más? can I eat more?
pulgas fleas
que that
quiero (I) want
recordar to remember
recuerdo (I) remember

se: se acerca moves close
    mi cola se mueve my tail moves
sé (I) know
si if
sí yes, indeed
siempre always
sigue (you) follow
son (they) are
sonrisa smile
soy (I) am
su their, his
sucio dirty
suerte luck

tengo (I) have
tiene (he) has
tienen (they) have
todos all
tres three
tu your
un a, one
veces times
    a veces sometimes
veo (I) see
vivimos (we) live
y and
yo I

3

LA MANADA

Los perros somos expertos en sentir. Yo me siento bien. Estoy feliz cerca de mi gran amigo. Siento que él también está feliz cerca de mí.

Veo que él tiene una manada. Tiene un grupo de amigos. Habla y camina con su grupo de amigos. Yo sé que mi gran amigo es bueno. Yo no sé si sus amigos son buenos o malos con los perros. Siento que debo caminar lejos de ellos. Los sigo, pero no me acerco. Ellos no saben que yo los sigo. Los sigo de lejos.

Los humanos son como los perros. Los humanos y los perros vivimos en manada. Nos gusta estar en grupo. Nos gusta estar con amigos. No nos gusta estar solos. Si a un humano le obligan a estar solo por mucho tiempo, el humano se siente triste, se vuelve loco, es una tortura. Si a un perro le obligan a estar solo por mucho tiempo, el perro se siente triste, se vuelve loco, es una tortura. Si tienes un perro, por favor, no lo dejes solo.

La manada de mi gran amigo tiene cuatro personas: una mujer y tres hombres. No sé a dónde van. Caminan por mucho tiempo. Caminan más que otros humanos. Me gusta caminar. Estoy lejos de mi ciudad. Mi instinto me dice: «Sigue a tu gran amigo». Yo sigo a mi gran amigo y a su manada.

Mi instinto me dice: «Acércate más». Cuando me acerco más, mi gran amigo me ve. Sus amigos también me ven. Todos tienen el brillo en los ojos y la sonrisa de los humanos buenos. Tengo suerte.

Caminan rápido. Caminan más rápido que otros humanos. Me siento cansado pero yo camino rápido también. Poco a poco me acerco más a la manada. Estoy más cerca. Ellos me ven y sonríen. Mi instinto me dice: «Sigue a la manada».

Mi gran amigo se acerca a mí. Siento que está preocupado. Él habla conmigo. Cuando los humanos hablan, no entiendo muchas palabras. Cuando los humanos hablan, entiendo sus sentimientos. Entiendo el sentimiento de las palabras. Entiendo cuando alguien está enojado. Entiendo cuando alguien está triste. Entiendo cuando alguien está feliz.

Mi gran amigo está preocupado. Entiendo lo que dice. Me dice que debo ir a mi casa. Él piensa que es peligroso para mí seguir con ellos.

«Yo no tengo casa», dicen mis ojos.

«Quiero estar contigo», pienso.

Mi gran amigo entiende.

Me acerco a la manada. El olor de estas personas es diferente. El olor es diferente porque son extranjeros. Todos ríen. Están felices. Les gusta caminar con un perro. Soy un perro callejero, y no les importa. No hay peligro. Soy un perro con suerte.

Cuando camino con ellos, soy parte de su manada. Los perros pensamos así. Ahora somos cinco en el grupo: una mujer, tres hombres y un perro. El grupo me cuida y yo cuido al grupo. No pienso en el pasado o en el futuro. Estoy feliz en esta manada. Ellos son de otro país, y no les importa. Ellos son humanos, yo soy perro, y no les importa. Camino con ellos. Soy parte del grupo.

Este grupo me trata bien. No me gritan. No me pegan. Tengo mal olor, y no les importa. Tengo pulgas, y no les importa. Estoy sucio, y no les importa. Estoy enfermo, y no les importa.

Este grupo me cuida. Me dan comida. Me dan agua. Me acarician. No soy un mendigo. No estoy solo. Siento amor. Estoy feliz.

Glosario del capítulo 3

a to
acarician: me acarician (they) pet me
acerca: se acerca (he) moves close
acércate más get closer
acerco: me acerco (I) move close
agua water
ahora now
al to, the (a + el)
alguien someone
amigo(s) friend(s)
amor love
así: pensamos así (we) think this way
bien well, good
brillo sparkle
bueno(s) good, (they are) good
callejero stray dog
camina (he) walks
caminan (they) walk
caminar to walk
camino (I) walk
cansado tired
casa home
cerca close to
cinco five
ciudad city
comida food
como like
con with
conmigo with me
contigo with you

cuando when
cuida: me cuida cares for me
cuido (I) care for
dan (they) give
de of, from, about, to
debo (I) must
dejes leave
del of the
desde: desde lejos from afar
dice (it, s/he) says, tells
   mi instinto me dice my instinct tells me
dicen (they) say
diferente different
dónde where
el the
él he, him
ellos they
en in, on
enojo anger
enfermo sick
enojado angry, mad
entiende (he) understands
entiendo (I) understand
es is
esta this
está is
están (they) are
estar to be
estas these
este this
estoy (I) am
expertos experts
extranjeros foreigners

favor: por favor please
felices happy
feliz happy
futuro future
gran great
gritan: no me gritan (they) don't yell at me
grupo group
gusta: les gusta they like
   me gusta (I) like
   nos gusta we like
   no nos gusta we don't like
habla (he) talks
hablan (they) talk
hay: no hay peligro there's no danger
hombres men
humano(s) human(s)
importa: no les importa (they) don't mind
instinto instinct
ir to go
la the
las the, them
le: le obliga (they) force him
lejos far
les to them/to you (plural)
lo: her, him, it
   no lo dejes solo don't leave him alone
   lo que dice what he says
loco crazy
los the, them, to them/to you (plural)
mal bad
malos bad
manada pack
más more

me me, myself
mendigo beggar
mi my
mí me, myself
mis my
muchas, mucho a lot (of)
mujer woman
nos: nos gusta (we) like
o or
obligan: le obligan (they) force him
ojos eyes
olor smell
otro(s) other(s)
país country
palabras words
para for
parte: soy parte de (I) am part of
pasado past
pegan (they) hit
peligro danger
peligroso dangerous
pensamos (we) think
pero but
perro(s) dog(s)
personas people
piensa thinks
pienso (I) think
poco a few
por of, for, by
   por favor please
porque because
preocupado worried
pulgas fleas
que that
quiero (I) want
rápido fast
ríen (they) laugh

saben: no saben (they) don't know
se: se siente triste (he) feels sad
   se vuelve loco (he) goes crazy
   se acerca (he) moves close
sé (I) know
sentimiento(s) feeling(s)
sentir to feel
si if
siente: se siente (he) feels
siento: me siento (I) feel
sigo (I) follow
sige (you) follow
solo(s) alone
somos (we) are
son (they) are
sonríen (they) smile
sonrisa smile
soy (I) am
su their, his
sucio dirty
suerte luck
sus his
también also
tengo (I) have
tiempo time
tiene (he) has
tienen (they) have
tienes (you) have
todos all
tortura torture
trata: me trata treats me
tres three
triste sad
tu your
un, una a, one
único: lo único the only thing
van (they) go
ve: me ve (he) sees me
ven (they) see
veo (I) see
vivimos (we) live
vuelve: se vuelve loco (he) goes crazy
y and
yo I

4

LA AVENTURA

Poco a poco aprendo el nombre de todos. Aprendo el nombre de las personas del grupo. El nombre de mi gran amigo es Mikael. El nombre de la mujer es Karen. Los nombres de los hombres son Staffan y Simon.

Este grupo hace mucho ejercicio. Yo los sigo a todas partes. Voy con ellos a caminar, correr, y escalar. No estoy en mi ciudad. Estoy en otra parte de mi país. Hay olores diferentes. Todo es diferente. Es una aventura por la selva de Ecuador.

Los perros somos como los humanos. Los perros y los humanos necesitamos ejercicio. Caminar es muy importante para los perros. Caminar es importante para nuestra salud física. También es importante para nuestra salud mental. Caminar también es importante para los humanos. Caminar también es importante para su salud física. Y también es importante para su salud mental.

Los perros ayudan a sus dueños. Los ayudan a hacer ejercicio. Algunos humanos no hacen ejercicio. Cuando tienen perro, caminan con su perro. Los humanos caminan gracias a su perro. Los humanos piensan: «Yo saco a caminar a mi perro». Yo pienso: «El perro saca a caminar a su humano». Me río cuando pienso esto.

Yo no necesito sacar a caminar a este grupo. Mis amigos hacen mucho ejercicio. Es difícil caminar, correr y escalar con ellos. Descansan muy poco. Comen muy poco. No es fácil.

Caminar por la selva es una aventura. Pasamos por un camino de lodo. Hay mucho lodo y es difícil caminar. Es difícil para los humanos con piernas largas. Es muy difícil para mí con mis patas de perro. Mis amigos me ayudan. Me sacan del lodo.

«Gracias por ayudarme», dicen mis ojos.

No es fácil pero mi instinto me dice: «Sigue a tu manada». Yo estoy cansado pero sigo a mi manada. No tengo miedo a las aventuras. No tengo miedo a los peligros.

Mis amigos están muy impresionados conmigo. Ellos dicen: «Es valiente como el rey Arthur». Mis amigos me dan un nombre: Rey Arthur. Soy valiente como un rey. Y ahora mi nombre es Rey Arthur.

Me gusta tener un nombre. Mis amigos ríen y me acarician. Estoy feliz. Me gusta ser parte de esta manada. Me gusta ser parte de este grupo. Hay poca comida. Comparten la comida conmigo. Como con ellos. Hago ejercicio con ellos. Duermo con ellos. Encontré un grupo de humanos buenos. Quiero estar con ellos siempre. No quiero perderlos.

Duermo feliz. Estoy feliz porque tengo un nombre. También estoy cansado. Estoy cansado de caminar, correr y escalar con mis amigos. Necesito dormir mucho. Los perros necesitamos dormir más que los humanos. Mis amigos duermen pocas horas. Se despiertan y caminan mucho.

Necesito dormir más. Me siento muy cansado. Me siento enfermo. No es fácil, pero quiero estar con ellos.

Glosario del capítulo 4

a to
acarician (they) pet
ahora now
algunos some
amigo(s) friend(s)
aprendo (I) learn
aventura(s) adventure(s)
ayudan: me ayudan (they) help me
ayudarme helping me
buenos (they are) good
caminan (they) walk
caminar to walk
camino road
cansado tired
ciudad city
comen (they) eat
comida food
como like
como (I) eat
comparten (they) share
con with
conmigo with me
correr run
cuando when
cuatro four
dan: me dan un nombre (they) give me a name
de of, from, about, to
del of the
descansan rest
despiertan: se despiertan (they) wake up
dice: me dice (he) tells me
dicen (they) say
diferentes different
difícil difficult
donde where
dormir sleep
dueños owners
duermen (they) sleep
duermo (I) sleep
ejercicio exercise
el the
ellos they
en in, on
encontré (I) found
enfermo sick
es is
escalar climb
esta this
están are
estar to be
este, esto this
estos these
estoy (I) am
fácil easy
feliz happy
física physical
gracias thank you
gran great
grupo group
gusta: me gusta (I) like
hace ejercicio exercises
hacen ejercicio (they) exercise
hacer ejercicio to exercise
hago ejercicio (I) exercise
hay there are, there is
hombres men

horas hours
humano(s) human(s)
importante important
impresionados impressed
instinto instinct
la the
largas long
las the, them
les to them/to you (plural)
lodo mud
los the, them, to them
manada pack
más more
me me, myself
mental mental
mi my
mí me
miedo fear
mis my
mismas, mismo same
mucha(s), mucho(s) a lot (of)
mujer woman
muy very
necesitamos (we) need
necesito (I) need
nombre(s) name(s)
nuestra our
ojos eyes
olores smells
otra other
país country
para for
parte part
partes: todas partes everywhere
pasamos (we) go through
patas paws
peligros dangers

perderlos loose them
pero but
perro(s) dog(s)
personas people
piensan (they) think
pienso (I) think
piernas legs
poca(s) little
poco a few
por for, through, to
porque because
que that
quiero (I) want
rey king
ríen (they) laugh
río: me río (I) laugh
saca: el perro saca a caminar a su humano the dog walks her/his human
sacan: me sacan del lodo (they) pull me out of the mud
sacar: yo no necesito sacar a caminar a este grupo (I) don't need to walk this group
salud health
se despiertan (they) wake up
selva jungle
ser to be
siempre always
siento: me siento (I) feel
sigo (I) follow
sigue (you) follow
somos (we) are
son (they) are
soy (I) am
su(s) their

también also
tener to have
tengo (I) have
tienen (they) have
todas partes everywhere
todo everything
todos everyone
tu your

un, una a, an, one
unas some, a few
valiente brave
vivo (I) live
voy: (I) go
y and
yo I

5

MIS AMIGOS SE VAN

Mis amigos están débiles y cansados. Yo también estoy débil y cansado. Es difícil caminar. Pero quiero estar con ellos. No paro. Los sigo a todas partes.

Simon es muy fuerte pero necesita ayuda. Está enfermo. Mikael y Staffan cargan a Simon. Necesitamos cruzar un río para encontrar ayuda. Una mujer tiene una canoa. Necesitamos la canoa para cruzar el río. La buena noticia es que la mujer nos puede llevar en la canoa. La mala noticia es que yo no entro en la canoa.

Veo que mis amigos se van en la canoa. Me miran y me llaman. Desde la canoa me gritan y mueven los brazos. Entiendo. Quieren que los siga. Quieren que nade. ¡Yo no sé nadar!

Mi instinto me dice: «Tienes que nadar». Tengo que lanzarme al agua y nadar. Me lanzo al agua y nado. No pienso. Solamente sigo mi instinto y nado. Mis amigos están felices. Yo no nado bien pero cruzo el río.

Llegamos a un lugar donde hay muchas personas. Encontramos ayuda para Simon. Él necesita descansar, entonces todos descansamos. Estoy muy cansado y duermo. Cuando despierto, busco a Mikael. Veo que habla con un hombre. Veo que el hombre habla de mí. Me miran. Mikael está triste. Entiendo los sentimientos de los humanos. Siento cuando alguien está triste. Cuando alguien está triste me acerco a esa persona. Siento cuando alguien está feliz. Cuando alguien está feliz muevo mi cola y ladro. Quiero jugar. Quiero ser parte de la alegría.

Mis amigos hablan. Veo que mis amigos están tristes. Siento su tristeza. Veo esa tristeza en los ojos de mis amigos.

Descansamos pocas horas. Simon se siente

mejor. Yo quiero descansar más. Mis amigos no quieren descansar más. Mis amigos se despiden de mí. No entiendo. Siento su tristeza. Están muy tristes. Se suben a unos kayaks. Se suben y se van. Se van sin mí. Me dejan.

Veo que mis amigos se van en los kayak. No me miran. No me llaman. No quieren que los siga. No entiendo. Somos una manada. Somos un grupo.

«¡Ustedes son mis amigos. Soy parte del grupo!», dicen mis ojos.

«No se vayan. ¡Estoy aquí!», ladro.

«No quiero estar solo», ladro y lloro.

No hay tiempo para pensar. No hay tiempo para ladrar. No hay tiempo que perder. Mi instinto me dice: «Sigue a tu manada». Me lanzo al agua y nado. Solamente sigo mi instinto y nado. El agua está muy fría. Yo no nado bien. Mis amigos se van.

En la orilla hay personas. Las personas me ven. Me ven nadando y lloran. Mikael también me ve. Mikael para. No rema. Su kayak no se mueve. ¡Mikael me está esperando! Nado y llego al kayak de Mikael. Mikael es muy fuerte. Me saca del agua y me sube al kayak. Estoy feliz cerca de Mikael, mi gran amigo. Mikael también está feliz y llora.

Mis amigos están felices. No quieren dejarme. Ahora estoy tranquilo. Estoy con mis amigos.

Cuando los humanos se enojan, piden explicaciones. Yo no. Soy un perro. No necesito explicaciones. Solamente necesito estar con las personas que amo. No juzgo. Los perros no juzgamos. Por eso los humanos piensan: «Mi perro es mi mejor amigo».

La noche es fría. Estoy mojado y tiemblo. Mikael me cubre con su chaqueta. Eso me ayuda. Mikael y Staffan me llevan en el kayak. Karen y Simon van más rápido en el otro kayak. No es fácil llevar un perro en el kayak, pero me llevan. Voy a estar con Mikael siempre. Él es mi humano y yo soy su perro.

Glosario del capítulo 5

a to
acerco: me acerco (I) move close
agua water
ahora now
al to, the (a + el)
alegría happiness
alguien someone
amigo(s) friends
amo (I) love
aquí here
ayuda help, helps
bien well
brazos arms
buena good
busco (I) seek
caminar to walk
canoa canoe
cansado(s) tired
cargan (they) carry
cerca near
chaqueta jacket
cola tail
con with
cruzar to cross
cruzo (I) cross
cuando when
cubre: me cubre (he) covers me
de of, from, about, to
débil(es) weak
dejan (they) leave me
dejarme: no querían dejarme (they) didn't want to leave me

del of the
descansamos (we) rest
descansar to rest
desde: from
despiden: se despiden de mí (they) say goodbye to me
despierto (I) wake up
dice: me dice (it) tells me
dicen (they) say
difícil difficult
donde where
duermo (I) sleep
el the
él he, him
ellos they
en in, on
encontramos (we) find
encontrar to find
enfermo sick
enojan: se enojan (they) get mad
entiendo (I) understand
entonces, so, then
entro: yo no entro (I) don't fit
es is
esa, eso that
  por eso because of that, that's why
esperando: me está esperando (he) is waiting
está is
están are
estar to be

estoy (I) am
explicaciones explanations
fácil easy
felices happy
feliz happy
fría cold
fuerte strong
gran great
gritan: me gritan (they) yell at me
grupo group
habla (s/he) talks
hablan (they) talk
hay there are, there is
   no hay tiempo there's no time
hombre man
horas hours
humano(s) human(s)
instinto instinct
jugar play
juzgamos: no juzgamos (we) don't judge
juzgo: no juzgo (I) don't judge
la the
ladrar to bark
ladro (I) bark
lanzarme: tengo que lanzarme al agua (I) have to jump into the water
lanzo: me lanzo al (I) jump into the
las the, them
llaman: me llaman (they) call me
llegamos (we) arrive
llego (I) arrive
llevan: me llevan (they) take me
llevar to take
   nos puede llevar can take us
llora (he) cries
lloran (they) cry
lloro (I) cry
los the, them, to them/to you (plural)
lugar place
mala bad
manada pack
más more
me me, myself
mejor better
mi my
mí me
miran: me miran (they) look at me
mis my
mojado wet
mucha(s) many
mueve: no se mueve it doesn't move
mueven (they) move
muevo (I) move
mujer woman
muy very
nadando swimming
nadar swim, to swim
nade: quieren que nade (they) want me to swim
nado (I) swim
necesita (he) needs
necesitamos (we) need
necesito (I) need
noche night

nos: nos puede llevar (she) can take us
noticia news
ojos eyes
orilla shore
otro other
para for
paro: no paro (I) don't stop
parte(s) part(s)
pensar to think
perder to loose
pero but
perro(s) dog(s)
persona(s) people
piden (they) ask
piensan (they) think
pienso (I) think
pocas few
por eso because of that
puede: **nos puede llevar** (she) can take us
que that
quieren (they) want
quiero (I) want
rápido fast
rema (he) rows
río river
saca: me saca (he) takes me out
se: se van (they) leave
    se siente mejor (he) feels better
    se despiden (they) say goodbye
    se suben a (they) climb into
    no se vayan don't leave
    no se mueve it doesn't move.
    se enojan (they) get mad
sé: no sé nadar (I) don't know how to swim
sentimientos feelings
ser to be
siempre always
siente: se siente mejor (he) feels better
siento (I) feel
siga: los siga (I) follow them
sigo (I) follow
sigue (you) follow
sin without
solamente only
solo alone
somos (we) are
son (they) are
soy (I) am
su her, their, his
sube: me sube (he) picks me up
suben: se suben a (they) climb into
también also
tengo (I) have
tiemblo (I) tremble
tiene (she) has
todas, todos all
tranquilo calm
triste(s) sad
tristeza sadness
tu your
un, una a, an, one
unos some
ustedes you (plural)
van (they) go
vayan: no se vayan don't leave
ve: me ve (he) sees me

ven: me ven (they) see me
veo (I) see
voy I'm going

y and
yo I

6

EL GRAN CAMBIO

Estamos en el río por muchas horas. Salimos del kayak y caminamos. Mis amigos están felices. Están felices porque llegamos al fin del camino. Cuando llegamos nos toman muchas fotos y videos. Yo estoy con mis amigos y muevo la cola. Las personas me miran. Hablan de mí. Yo estoy tranquilo porque estoy con Mikael.

Las cosas cambian. Mis amigos descansan y

comen. Comen como personas normales. Yo también descanso y como. Yo necesito descansar y comer bien porque me siento enfermo y me siento débil. Mi salud mental está bien pero mi salud física no está bien. Mikael me ayuda. Él me da lo que necesito.

Las cosas cambian. Karen, Staffan y Simon se despiden de mí. Se van. Mikael no se despide de mí. Yo estoy con él. Hay muchas personas tomando fotos. Muchas personas quieren hablar con Mikael. Todas las personas quieren hablar de mí. Soy una celebridad.

Mikael está cansado. También necesita descansar pero habla con muchas personas. Mi gran amigo me dice: «Quiero llevarte a mi casa». Mi cola se mueve muy rápido de arriba para abajo, en círculos, de un lado a otro. Estoy feliz.

«Quiero vivir contigo, Mikael», dicen mis ojos.

Mikael sonríe, pero está preocupado. No es fácil. Tenemos que hablar con muchas personas. Ahora soy una celebridad. Muchas personas dicen mi nombre: «Hola, Rey Arthur». Me acarician. Me toman fotos y videos. Me ven con el brillo en los ojos y la sonrisa de los humanos buenos. No entiendo por qué soy una celebridad. Ser una celebridad no es importante. Estoy feliz porque estoy con Mikael. Estar con mi gran amigo sí es importante.

La casa de Mikael no está en Ecuador. La casa de Mikael está en otro país. Los humanos tienen reglas. Las reglas no me ayudan. No puedo vivir con Mikael. Voy en avión algunas veces. Voy en una caja. No me gusta.

Voy algunas veces al veterinario. Me gusta ir al veterinario. Los veterinarios me tratan bien. Me entienden. ¡Y curan mi herida! Tenía una herida en el lomo por muchos años. Ahora está curada.

Voy al país de Mikael. No puedo vivir en su casa. Vivo en otro lugar. Veo a Mikael pocas veces. No importa, porque el lugar donde vivo es hermoso. Es un lugar grande. Puedo correr. No tengo pulgas. No estoy sucio. La comida es buena y las personas son buenas. Juegan conmigo. Me acarician. Las personas aquí entienden a los animales. Me tratan como a un rey.

Después de mucho tiempo, un día Mikael me lleva a su casa. Es un día feliz. Ahora estoy con Mikael. Ahora soy parte de la familia de Mikael. Somos una familia de cinco. Mikael, su esposa Helena, su hija, su hijo y yo. Somos dos humanos grandes, dos humanos pequeños y un perro.

Ahora tengo dueños. Tengo una familia de humanos. Tengo agua y comida. No tengo hambre. No tengo frío. Voy al veterinario. No estoy enfermo. Ahora no tengo mal olor. No estoy sucio. No tengo pulgas. Estoy feliz.

Mi familia de humanos juega conmigo. Me acarician. Me gusta cuando me acarician. ¡Soy un perro con suerte!

Cuido a mis dueños. Cuido a mi familia de humanos. Mikael y yo somos los mejores amigos. Salimos a caminar y hacer ejercicio. Mikael y su familia comen tres veces al día como otros humanos. La vida es fácil. Tengo lo que necesito. Y tengo buena salud.

Siempre hay cámaras tomándome fotos y videos. No me dicen «Rey Arthur». Me dicen «Arthur». Ser un rey no es importante para mí. Pero siento que soy un rey. ¿Sabes por qué? Porque no soy un perro callejero. Porque no soy un mendigo sucio. Porque no tengo pulgas. Porque tengo una familia. Me aman y me cuidan. Eso es lo más importante.

Glosario del capítulo 6

a to
abajo: de arriba para abajo up and down
acarician: me acarician (they) pet me
agua water
ahora now
al to, the (a + el)
algunas some
aman: me aman (they) love me
amigo(s) friend(s)
animales animals
años years
aquí here
arriba: de arriba para abajo up and down
avión plane
ayuda: me ayuda (he) helps me
ayudan: no me ayudan (they) don't help me
bien well
brillo sparkle
buena(s), buenos good
caja box
callejero(s) stray dog(s)
cámaras cameras
cambian (they) change
cambio change
caminamos (we) walk
caminar to walk
camino journey, road
cansado tired
casa home

celebridad celebrity
cinco five
círculos circles
cola tail
comen (they) eat
comer to eat
comida food
como like, as
como (I) eat
con with
conmigo with me
contigo with you
correr to run
cosas things
cuando when
cuidan: me cuidan (they) look after me
cuido (I) look after
curada healed
curan (they) heal
da: me da he gives me
de of, from, about, to
débil weak
del of, of the
descansan (they) rest
descansar to rest
descanso rest
despide: no se despide de mí (he) doesn't say goodbye to me
despiden: se despiden de mí (they) say goodbye to me
después after
día(s) day(s)

dice: me dice (he) tells me
dicen (they) say
donde where
dos two
dueños owners
ejercicio exercise
el the
él he, him
en in, on
enfermo sick
entienden (they) understand
entiendo (I) understand
es is
eso that
esposa wife
está is
estamos (we) are
están (they) are
estar to be
estoy I am
fácil easy
familia family
felices happy
feliz happy
fin the end
física physical
fotos photos
frío: no tengo frío I'm not cold
gran great
grande(s) big, big ones
gusta: me gusta (I) like
   no me gusta (I) don't like
habla (he) talks
hablan (they) talk
hablar to talk
hacen (they) make
hacer: hacer ejercicio to exercise

hambre: no tengo hambre I'm not hungry
hay there are, there is
herida wound
hermoso beautiful
hija daughter
hijo son
hola hi
horas hours
humanos humans
importa: no le importa (he) doesn't care
importante important
ir to go
juega (it) plays
juegan (they) play
la the
lado side
las the, them
llegamos we arrive
lleva: me lleva (he) takes me
llevarte take you
lo: lo que necesito what I need
   lo más importante the most important thing
lomo back
los the, them
lugar place
mal bad
más: lo más importante the most important thing
me me, myself
mejores best
mendigo beggar
mental mental
mi my
mí me, myself

miran: me miran (they) look at me
mis my
mucha(s), mucho(s) a lot (of)
mueve: mi cola se mueve my tail moves
muevo (I) move
muy very
necesita (he) needs
necesito (I) need
nombre name
normales normal
nos us
ojos eyes
otro(s) other, another
    de un lado a otro back and forth
país country
para for
parte: soy parte de (I) am part of
pequeños small ones
pero but
perro(s) dog(s)
personas people
pocas a few
por: for
    no entiendo por qué (I) don't understand why
    ¿sabes por qué? do you know why?
porque because
preocupado concerned
puedo (I) can
pulgas fleas
que that
    lo que necesito what I need
tenemos que hablar (we) have to talk
siento que soy (I) feel that I am
qué: no entiendo por qué (I) don't understand why
¿sabes por qué? do you know why?
quieren want
quiero (I) want
rápido fast
reglas rules
rey king
río river
sabes: ¿sabes por qué? do you know why?
salimos (we) get out
salud health
se: se despiden (they) say goodbye
    se van (they) leave
    no se despide (he) doesn't say goodbye
    se mueve (it) moves
ser to be
sí yes, indeed
siempre always
siento (I) feel
somos (we) are
son (they) are
sonríe (he) smiles
sonrisa smile
soy (I) am
su his
sucio dirty
también also
tenemos (we) have
tengo (I) have
tenía (I) had

tiempo time
tienen (they) have
todas all
toman (they) take
tomando taking
tomándome: tomándome fotos y videos taking photos and videos of me
tranquilo calm
tratan (they) try
un, una a, an, one

van: se van (they) leave
veces times
veo (I) see
veterinario(s) vet(s)
vida life
vivir to live
vivo (I) live
voy (I) go
y and
yo I

7

LA HISTORIA CONTADA POR UNA PERSONA

La historia de Arthur y Mikael es una historia real.

Mikael Lindnord es un atleta sueco. En el 2014 (dos mil catorce), fue a Ecuador. Fue para competir en la Competencia Mundial de Carreras de Aventura (Adventure Racing World Championship). Mikael era el capitán de su equipo.

En esta competencia los atletas tienen que:

caminar, correr, ir en bicicleta, remar y escalar. Los atletas descansan poco y comen poco. Tienen que recorrer 500 (quinientos) kilómetros, o más. Tienen que competir de tres a siete días. No es fácil. Es muy difícil.

Un día, Mikael vio a un perro callejero. Le dio comida. Después el perro le siguió a él y a su equipo. El perro los siguió durante la competencia. El perro se convirtió en parte del equipo. El perro se convirtió en parte del grupo. Los atletas estaban muy impresionados con el perro. Le dieron un nombre: Rey Arthur.

Los organizadores hablaron con Mikael. Le dijeron que no podía llevar al perro en el kayak. Mikael y su equipo decidieron continuar sin Arthur, pero el perro se lanzó al agua. Entonces, Mikael decidió llevar al perro en el kayak. No podía continuar sin Arthur.

Mikael y su equipo llegaron a la meta. Llegaron después de seis días de competencia. Llegaron a la meta con Arthur. No ganaron. Llegaron en el puesto número 12 (doce).

La historia de Rey Arthur, el perro callejero, se hizo famosa en el mundo.

Cuando terminó la competencia, Arthur estaba

enfermo. Mikael pensó que Arthur podía morir. Podía morir viviendo en la calle. Mikael decidió adoptar a Arthur. Decidió llevar al perro a Suecia. No fue fácil.

Antes de vivir con Mikael, Arthur estuvo en cuarentena por cuatro meses.

Después, de cuatro meses Mikael llevó a Arthur a su casa. Arthur vivió feliz con Mikael y su familia.

En el 2020 (dos mil veinte) Arthur murió en Suecia, después de vivir feliz con su familia de humanos.

Mikael creó la Fundación de Arthur (Arthur Foundation) que ayuda a los perros callejeros en Ecuador. También escribió varios libros.

La historia de amistad entre Arthur y Mikael está documentada en artículos, videos, fotos, películas y libros.

FIN

Glosario del capítulo 7

a to
adoptar to adopt
agua water
al to, the (a + el)
amistad friendship
antes before
artículos articles
atleta(s) athlete(s)
ayuda (it) helps
bicicleta bicycle
calle: en la calle on the streets
callejero(s) stray dog(s)
caminar to walk
capitán captain
casa home
comen (they) eat
comida food
competencia competition
competir to compete
con with
contada told
continuar to continue
convirtió: se convirtió he became
correr to run
cuando when
cuatro four
creó (he) created
cuarentena quarantine
de of, from, about, to
decidieron (they) decided
decidió decided
del of the
descansan (they) rest

después after
día(s) day(s)
dieron: le dieron (they) gave him
difícil (they) said
dijeron (they) said
dio: le dio (he) gave him
documentada documented
durante during
el the
él he, him
en in
enfermo sick
entonces then
entre between
equipo(s) team(s)
era (he) was
es (he) is
escalar to climb
escribió (he) wrote
esta this
está (it) is
estaba (he) was
estaban (they) were
estuvo (he) was
fácil easy
familia family
famosa famous
feliz happy
fotos photos
fue (he/it) was
fundación foundation
ganaron (they) won
grupo group
hablaron (they) spoke

historia story
hizo: se hizo famosa (it) became famous
humanos humans
impresionados impressed
ir to go
kilómetros kilometers
la the
lanzó: se lanzó al agua he jumped into the water
le: le dio (he) gave him
   le siguió (he) followed him
   le dieron (they) gave him
   le dijeron (they) told him
los: los siguió (he) followed them
libros books
llegaron (they) arrived
llevar to take
llevó (he) took
los the, them
más more
meses months
meta finishing line
morir to die
mundo world
murió (he) died
muy very
nombre name
número number
o or
organizadores organizers
para for
parte part
películas movies
pensó (he) thought
pero but
perro(s) dog(s)

persona person
poco few
podía: no podía (he) could not
por by, for
que that
real real
recorrer to cover, to travel
remar to row, to paddle
rey king
se: el campeonato se organiza the championship is organized
   se convirtió (he) became
   se lanzó al agua (he) jumped into the water
   se hizo famosa it became famous
seis six
siete seven
siguió: los siguió (he) followed them
   le siguió (he) followed him
su his
Suecia Sweden
sueco Swede
también also
terminó (it) ended
tienen (they) have
un, una a, an, one
varios various, multiple
videos videos
vio (he) saw
viviendo living
vivió (he) lived
vivir to live

Helping Street Dogs in Ecuador

Growing up in Ecuador I got used to seeing dogs roaming in the city. Street dogs may be stray, abandoned pets, or feral animals that had never been owned. They are exposed to horrible illnesses like rabies, distemper, and parvo. They can get conditions like scabies and never have any medical attention or vaccines.

Street dogs are also exposed to human abuse and fights with other dogs. They are hungry and are constantly looking for food in the cities where they live. Wolves, their ancestors, can go several days without eating and are experienced hunters in the wild. Dogs are different, we domesticated and bred them so they became our helpers and companions. They depend on us to have a happy life.

We can help street dogs by adopting them, fostering them, volunteering at shelters, sterilizing our pets, denouncing animal abuse when we see it, or making a donation. In Ecuador, there are many organizations that help street dogs — from dedicated individuals, to small groups, to large well-known foundations.

Ecuadorian organizations work around the clock without much in the way of resources. There's a lot of need because there's an overpopulation of street dogs. If you want to make a donation, here is a list of some organizations:

- Acción Animal
  www.accionanimalecuador.com
- Protección Animal Ecuador
  www.pae.ec
- Asociación Defensa Vida Animal
  www.advaec.org
- Jefferson Rescata
  www.facebook.com/JeffersonRescata
- Arthur Foundation created by Mikael Lindorf in Arthur's name **www.arthurfoundation.se**

Veronica Moscoso, author of *El rey Arthur*

THE AUTHOR

Verónica Moscoso is an exceptional storyteller, author, journalist, and documentary filmmaker extraordinaire!

Originally from Quito, Ecuador, Verónica brings her unique voice, language skills, and cultural heritage to the world of Spanish language learning.

Her collection of fabulous easy-to-read books for Spanish students range from captivating fiction to eye-opening real life stories.

Get ready to meet unforgettable characters, explore social issues with a fresh perspective, dive into iconic legends, uncover the bond between humans and animals, and even crack up with her hilarious book of jokes! And the best part? They are all written in natural, conversational Spanish.

But there is more, she has won nine awards for her documentary film "*A Wild Idea*" and has authored articles, multimedia projects, and radio pieces in both English and Spanish. Plus, she holds a degree from the renowned UC Berkeley Graduate School of Journalism.

On top of that, her globetrotting adventures in the Middle East and Southeast Asia have enriched her vision and added a worldwide touch to her storytelling. Now residing in California, Verónica continues to create compelling content. To order her books and related materials, go to: www.veromundo.store

OTHER BOOKS BY THE AUTHOR

LOLA: UNA NOVELA GRÁFICA PARA APRENDER ESPAÑOL
Verónica Moscoso
Level 1

A **full color** graphic novel about Lola, a cat, her emotions, interactions with other furry companions and her human family.

LA LEYENDA DE CANTUÑA
Verónica Moscoso
Level 1

A historical fiction novella that takes place in the 16th century. Inspired by Quito's most popular legend.

OLIVIA Y LOS MONOS
Verónica Moscoso
Level 1-2

Based on the true story of the troop of wild monkeys that live in Misahuallí and their unique interaction with humans.

HALLOWEEN VS DIA DE LOS MUERTOS
Verónica Moscoso
Level 2

A light-hearted story about friendship and also about the similarities and differences. between two strong cultural traditions.

EL PEQUEÑO ANGEL DE COLOMBIA
Verónica Moscoso
Level 2

The true story of Albeiro Vargas, a Colombian boy famous for his magnificent humanitarian work.

ALMA DE LOBO
Verónica Moscoso
Level 2-3

The extraordinary true story of Marcos Rodríguez Pantoja, the only documented case of a feral child in Spain.

SOÑADORES
Verónica Moscoso
Level 3

This story puts a face to the DREAMers, showing the struggles of undocumented immigrant youth in the US.

LOS OJOS DE CARMEN
Verónica Moscoso
Level 3-4

Daniel, an American teen, goes to Ecuador to find the perfect picture for a photography contest. There he meets Carmen, a girl with exceptional eyes…

CHISTES PARA APRENDER ESPAÑOL
Verónica Moscoso
Level 2+

This book is a compilation of 30 short easy-to-read jokes. They are appropriate for all ages and each has a fun illustration, glossary, and questions.

www.veromundo.store

The Best Stories for Language Learners

For more info, go to www.veromundo.store
We offer bulk discounts for school districts, schools, bookstores, and distributors.
Write us at: info@veromundo.com

   www.facebook.com/veromundofb

   www.instagram.com/veromundo.store

This book was written by a Latin American author.